사자 vs 호랑이

또 하나의 대결 재규어 vs 스컹크

비룡소

이해 쏙쏙! 코너 일러두기
핵심 정보: 꼭 알아야 하는 동물 필수 정보를 담았어요.
기본기 다지기: 동물 정보를 익히려면 알아 두어야 하는 기초 지식을 배워요.
놀라운 사실!: 동물의 놀라운 크기, 무게, 능력 등을 소개해요.
요건 몰랐지?: 이것까지 알면 동물 천재! 동물 척척박사가 되는 정보를 알려 주어요.
깜짝 질문: 동물 공부가 더 재밌어지는 기상천외한 질문이 등장해요.

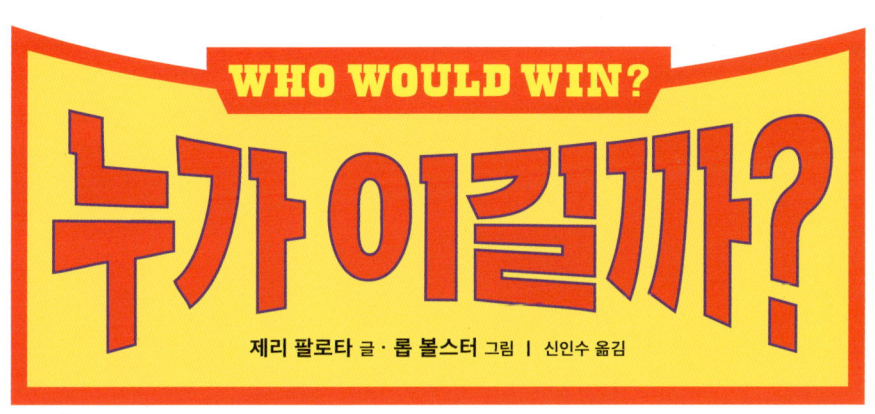

WHO WOULD WIN?
누가 이길까?

제리 팔로타 글 · 롭 볼스터 그림 | 신인수 옮김

사자

VS

호랑이

비룡소

**영원한 라이벌, 사자와 호랑이의 격돌 현장!
과연 왕 중의 왕은 누가 될 것인가!**

초원의 왕 사자와 밀림의 왕 호랑이가 맞붙었어!
이보다 더 흥미진진한 대결이 있을까? 과연 둘 가운데 누가 이길까?
숨 막히는 싸움이 될 거야. 지금부터 시작!

적수가 없는 천하무적
초원의 우두머리

이름: 사자
분류: 포유류
사는 곳: 아프리카의 탁 트인 초원
몸무게: 100~250킬로그램
공격 기술: 발로 때리고 목을 눌러서 숨 못 쉬게 하기
먹잇감: 기린, 코끼리, 얼룩말 등

사자

- 8 …………… 사자 선수 입장!
- 10 …………… 아프리카에서 사는 사자
- 12 …………… 초원의 승부사
- 14 …………… 강력한 턱과 송곳니
- 16 …………… 초원의 최강 포식자
- 18 …………… 암사자가 무리를 지어 공격!
- 20 …………… 수사자의 덥수룩한 갈기
- 22 …………… 꼭꼭 숨긴 날카로운 발톱
- 24 …………… 여럿이 함께 지내는 사자
- 26 …………… 얼룩무늬 새끼 사자
- 28 …………… 다다다다, 빠르게 돌진
- 30 …………… 최강 동물 대결!

동물 소개 · 차례

용맹하고 고독한
밀림의 절대 강자

이름: 호랑이
분류: 포유류
사는 곳: 아시아 열대 우림
몸무게: 75~370킬로그램
공격 기술: 목덜미를 물어 송곳니로 찌르기
먹잇감: 사슴, 소, 멧돼지 등

호랑이

호랑이 선수 입장! ·············· 9
아시아에서 사는 호랑이 ·············· 11
밀림의 사냥꾼 ·············· 13
큰 고양잇과 중 가장 큰 뇌 ·············· 15
고기라면 뭐든 좋아! ·············· 17
캄캄한 밤에 홀로 어흥! ·············· 19
암수가 비슷하게 생긴 호랑이 ·············· 21
왕발로 힘차게 점프! ·············· 23
혼자가 좋아! ·············· 25
어미와 똑 닮은 새끼 호랑이 ·············· 27
여기 번쩍, 저기 번쩍 날쌘돌이! ·············· 29

누가 더 유리할까? ·············· 36

사자 선수 입장!

> **기본기 다지기**
> 강한 턱, 날카로운 발톱, 뾰족한 이빨이 있는 사자, 호랑이, 표범, 재규어 등을 큰 고양잇과 동물이라고 해.

여기 탐스러운 갈기가 난 멋진 사자가 있어. 사자는 새끼를 낳아 젖을 먹여 기르는 포유류야. 털 빛깔은 황갈색이나 갈색, 짙은 갈색을 띠어. 줄무늬나 점무늬는 없지. 수컷 사자가 으르렁거리는 모습을 보면 오들오들 떨게 될걸.

호랑이 선수 입장!

> **기본기 다지기**
> 사자와 호랑이는 생김새가 서로 다르지만 둘 다 큰 고양잇과 동물이야. 시각과 청각, 후각이 굉장히 예민해.

호랑이의 사나운 눈빛 좀 봐! 호랑이도 사자처럼 포유류야. 주황색 혹은 적갈색 털에 검은색 줄무늬가 있지. 호랑이 몸은 근육이 발달했어. 호랑이가 어슬렁거리며 돌아다니는 모습을 보면 수많은 동물이 바들바들 떨 거야.

아프리카에서 사는 사자

아프리카

깜짝 질문
아프리카에는 사자가 더 많을까,
호랑이가 더 많을까?
반전! 아프리카에는 호랑이가 없어.

사자는 대부분 아프리카에 살아. 몇몇 사자는 아시아의 인도 기르 국립공원에서 볼 수 있지. 그런데 지금은 아프리카에 사는 사자의 수가 점점 줄어들고 있대.

아시아에서 사는 호랑이

놀라운 사실!
호랑이 중에 최고로 덩치가 큰 종은 시베리아호랑이야. 아무르호랑이라고도 부르지.

러시아 — 시베리아 호랑이
중국 — 아모이 호랑이
인도 — 인도 호랑이
인도네시아 — 수마트라 호랑이

요건 몰랐지?
털이 하얀 백호는 유전자 돌연변이*로 태어난 호랑이야.

호랑이는 아시아 여러 지역에 살아. 아프리카에서는 살지 않지. 사실 사자와 호랑이가 사는 곳은 거의 겹치지 않아서 동물원이 아닌 이상 마주칠 가능성은 매우 낮아.

★**돌연변이**: 유전자 등에 변화가 일어나 어버이 계통에 없던 새로운 모양과 성질이 나타나는 현상.

초원의 승부사

사자는 탁 트인 초원에서 살아. 초원? 풀이 난 너른 들 말이야. 사자의 털 색깔은 초원의 풀 색깔과 비슷해서 눈에 잘 띄지 않아. 사자의 먹잇감들은 늘 긴장하며 초원을 다닐 거야.

핵심 정보
사자는 주로 풀을 먹고 사는 동물을 잡아먹어. 풀로 가득한 초원은 사자의 먹잇감이 아주 많지.

밀림의 사냥꾼

호랑이는 나무가 빽빽한 울창한 숲에서 살아. 쉿, 호랑이가 풀숲에 숨어 있어! 저 너머에 먹잇감이라도 있는 걸까?

강력한 턱과 송곳니

커다란 사자의 머리뼈야. 턱이 유독 크고 무는 힘도 세지. 이빨은 아주 날카로워서 먹이를 마구 자르고 찢을 수 있어. 긴 송곳니는 먹잇감을 계속 붙들고 있기에 제격이야. 한번 물면 절대 놓치지 않는다고!

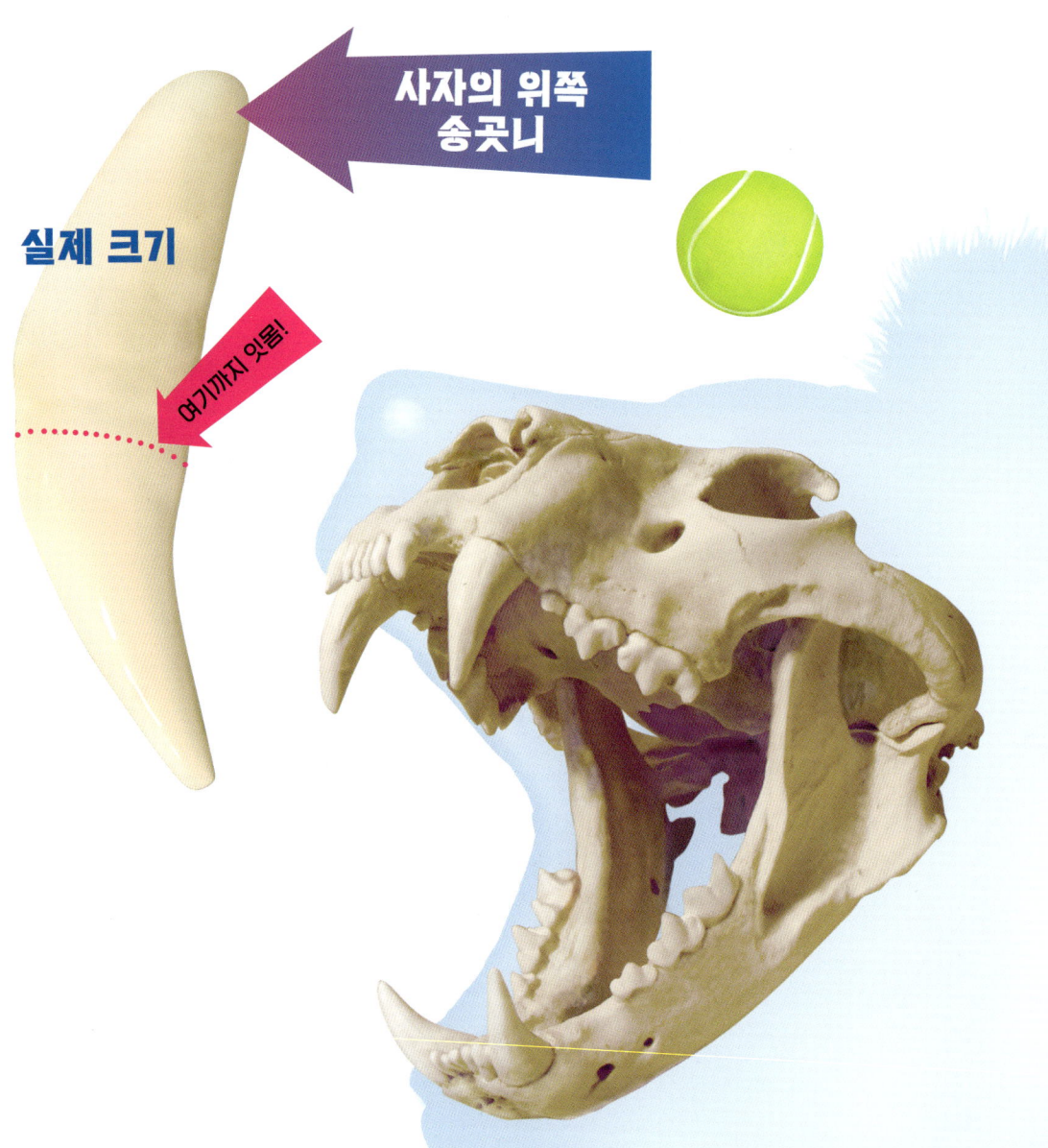

사자의 위쪽 송곳니

실제 크기

여기까지 잇몸!

사자는 몸집에 비해 뇌가 작아. 지름*이 약 6.5센티미터인 테니스공만 해.

*지름: 원의 가운데를 반듯하게 지나는 양끝의 길이.

큰 고양잇과 중 가장 큰 뇌

호랑이도 머리뼈와 송곳니가 아주 커. 반면에 뇌는 지름 7.2센티미터인 야구공만 하단다. 사자의 뇌보다 아주 약간 더 크고, 표범이나 재규어 등 다른 큰 고양잇과 동물들보다도 커.

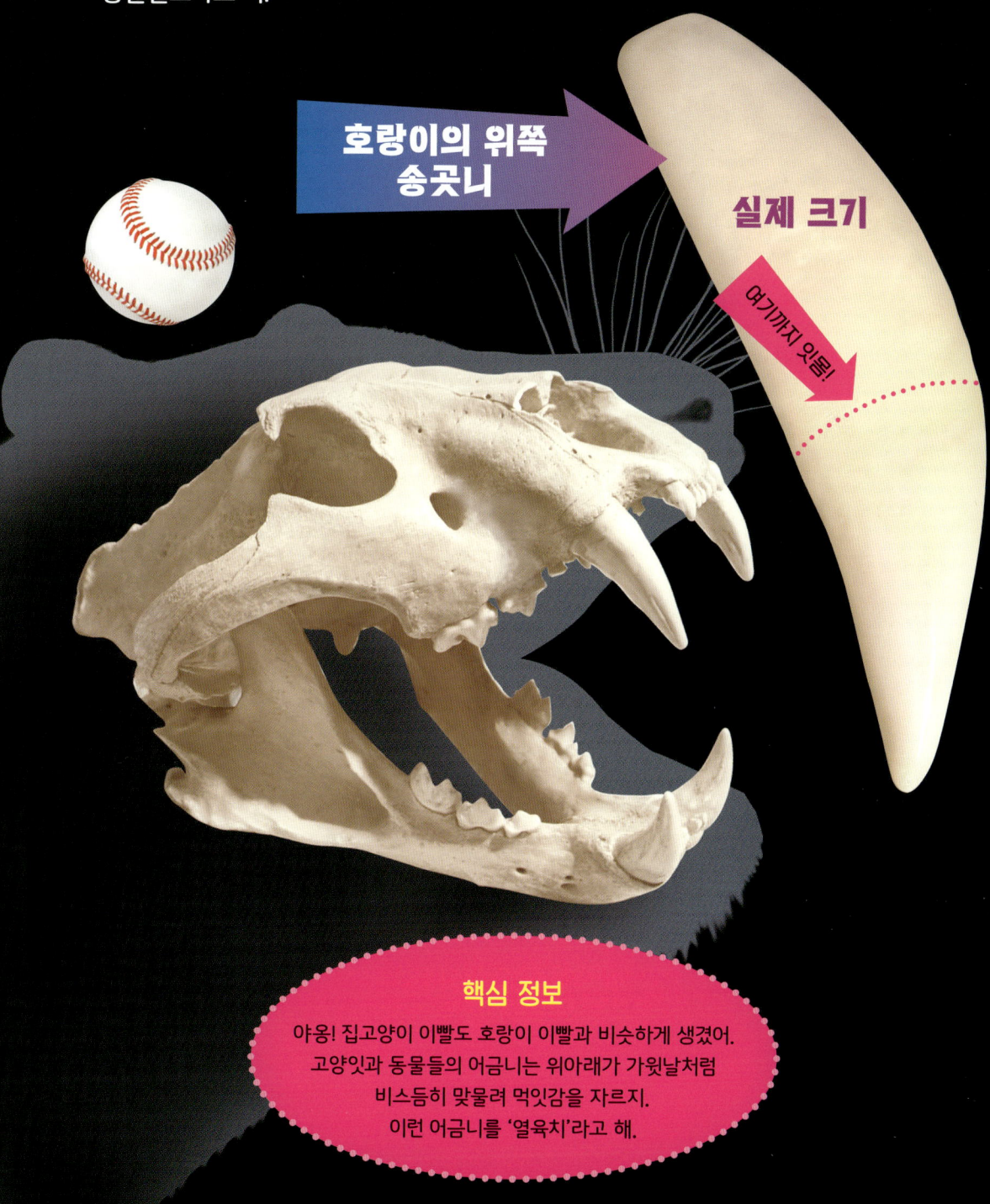

호랑이의 위쪽 송곳니

실제 크기

여기까지 있음!

핵심 정보

야옹! 집고양이 이빨도 호랑이 이빨과 비슷하게 생겼어. 고양잇과 동물들의 어금니는 위아래가 가윗날처럼 비스듬히 맞물려 먹잇감을 자르지. 이런 어금니를 '열육치'라고 해.

초원의 최강 포식자

기린
코끼리
하마
아프리카물소
얼룩말
누
스프링복
개코원숭이

> **요건 몰랐지?**
> 기억해. 눈이 앞쪽에 있으면 사냥을 좋아하는 동물, 눈이 옆쪽에 있으면 숨기를 좋아하는 동물이라는 사실!

사자는 고기를 먹는 육식 동물이야. 위의 동물들이 전부 사자의 사냥감이지.

고기라면 뭐든 좋아!

말코손바닥사슴

사슴

소

곰

멧돼지

토끼

기본기 다지기

초식 동물
식물을 먹고 사는 동물

육식 동물
고기를 먹고 사는 동물

식충 동물
곤충을 먹고 사는 동물

잡식 동물
무엇이든 가리지 않고 먹는 동물

호랑이도 육식 동물이야. 주로 위에 있는 동물들에게 살금살금 다가가 죽여서 잡아먹어.

암사자가 무리를 지어 공격!

사냥은 힘센 수사자가 할 것 같다고? 놀라지 마. 사자의 세계에서 사냥은 대부분 암사자가 해. 무리를 지어서 말이지. 암사자가 사냥하는 동안 수사자는 뒤에 물러서서 새끼 사자들이 공격받지 않도록 보호해.

핵심 정보

먹잇감을 직접 구하지 않아도 되는 수사자가 편할 것 같다? 글쎄. 수사자도 다른 수사자들과 끊임없이 경쟁하느라 무척 피곤하다고!

누가 이길지 정말 예상하기 어려운 싸움이야. 사자의 저 다문 입 속에 숨은 이빨은 얼마나 강력할까? 물어뜯는 힘은? 호랑이가 맞서서 이길 수 있을까?

캄캄한 밤에 홀로 어흥!

호랑이는 보통 컴컴한 밤에 사냥해. 밤눈이 좋아서 어두워도 먹잇감을 잘 찾아내지. 사자와 달리 수컷과 암컷이 따로 사냥한단다.

핵심 정보

호랑이는 몸에 난 줄무늬 덕분에 풀숲에 감쪽같이 숨을 수 있어. 황갈색 털은 낙엽 색깔과, 줄무늬는 나뭇가지 그림자와 섞여서 다른 동물이 알아채기가 매우 어려워.

놀라운 사실!

호랑이는 밤에 사람보다 여섯 배나 더 잘 봐.

후훗, 호랑이를 뭘로 보고! 호랑이의 무시무시한 눈매를 보라고! 어흥 하고 울부짖으면 그 누구라도 움찔할걸. 사자와 호랑이의 대결. 넌 누가 이길 것 같니?

수사자의 덥수룩한 갈기

사자는 암컷과 수컷이 한눈에 구별돼. 바로 수사자에게만 있는 풍성한 갈기 때문에! 암사자는 갈기가 없어.

수사자의 몸집

몸무게
100~250킬로그램

몸길이
165~250센티미터

핵심 정보

수사자는 목 주변에 난 갈기 덕분에 더 크고 무서워 보여. 또 갈기는 다른 수사자와 싸울 때 목을 보호해 주기도 하지.

사자는 암컷과 수컷의 크기가 달라. 암사자는 몸집이 수사자의 3분의 2쯤 된단다.

암수가 비슷하게 생긴 호랑이

호랑이는 수컷과 암컷이 비슷하게 생겼어. 하지만 자세히 보면 수컷이 몸집도 더 크고, 수염도 더 길어.

수컷 　　　　　　　　　　 암컷

수컷 호랑이의 몸집

몸무게
75~370킬로그램

몸길이
185~400센티미터

호랑이도 암수의 크기가 달라. 암컷 호랑이의 몸집은 수컷 호랑이의 3분의 2쯤 돼.

핵심 정보
수컷 호랑이는 암컷보다 턱 힘이 더 세고, 송곳니도 더 길어.

꼭꼭 숨긴 날카로운 발톱

사자는 발이 커. 발끝에는 길고 날카로운 발톱이 나 있지. 평소 걸어 다닐 때는 털 속에 잘 숨겨 둬. 그래야 발톱을 뾰족하게 유지할 수 있거든. 그러다가 싸울 때 드러내.

핵심 정보
평소 사자의 발톱은 발가락 주변에 난 털 속에 쏙 숨겨져 있어. 그래서 걸을 때 땅에 닿지 않아.

사자 발톱의 실제 크기

사자의 왼쪽 앞발

왕발로 힘차게 점프!

호랑이도 발이 무척 커. 날카로운 발톱은 평소에 발톱집 속에 꼭꼭 숨겨 두고 있지. 이렇게 커다란 발로 빠르게 뛰다가 약 4.5미터 높이를 훌쩍 뛰어오르기도 하고, 발끝으로 살금살금 걸어 먹잇감에 조심히 다가가기도 해.

핵심 정보
사자와 호랑이의 앞발에는 발가락이 5개씩, 뒷발에는 발가락이 4개씩 있어.

호랑이의 왼쪽 앞발

호랑이 발톱의 실제 크기

여럿이 함께 지내는 사자

사자는 여럿이 무리 지어 지내. 보통 수컷 3마리와 암컷 15마리, 새끼 24마리 정도가 무리를 이루어 다니지. 사자는 야생에 사는 고양잇과 동물 가운데 유일하게 모여 살아.

깜짝 질문

수사자 우두머리는 얼마 동안 무리를 이끌까? 보통은 2년 정도 이끌어. 그러는 동안 다른 수사자가 우두머리 자리에 도전해 오면 목숨을 내걸고 싸우며 자리를 지킨단다.

혼자가 좋아!

아이, 부끄러워! 호랑이는 수줍음이 많은가 봐. 대부분 혼자 살아가거든. 그렇지만 다른 호랑이를 만나면 대부분 서로 친하게 대해.

놀라운 사실!
호랑이가 늘 혼자인 건 아니야. 종종 거대한 사냥감을 잡았을 때 다른 호랑이와 나눠 먹기도 해. 쩝쩝.

얼룩무늬 새끼 사자

귀여운 새끼 사자야! 그런데 다 자란 사자와 달리 몸에 얼룩덜룩한 무늬가 있잖아? 왜 그럴까? 무늬는 위장 효과가 있어서 몸집이 작은 새끼 사자를 적으로부터 보호해 줘. 이 무늬는 자라면서 사라진단다.

기본기 다지기
'위장'은 주변 환경과 비슷하게 보여서 몸을 숨기는 걸 뜻해.

핵심 정보
암사자 무리가 먹잇감을 사냥해 오면, 수사자가 가장 먼저 먹고 그다음 암사자와 새끼 사자 순서로 먹어.

어미와 똑 닮은 새끼 호랑이

새끼 호랑이는 다 자란 호랑이와 똑같이 생겼어. 대신 몸집이 작아서 꽤 귀여워 보이지. 새끼 호랑이가 귀엽게 생겼다고 고양이처럼 집에서 키울 수는 없어. 다 자라면 분명 사람을 잡아먹으려 들 테니까!

다다다다, 빠르게 돌진

핵심 정보

사자의 꼬리는 70센티미터에서 길게는 1미터가 넘어. 짙은 색 털 뭉치가 달려 있어.

사자는 보통 시속 50~60킬로미터로 달려. 전력 질주할 때 속도는 무려 시속 80킬로미터지. 시내를 달리는 자동차만큼 빠른 거야!

여기 번쩍, 저기 번쩍 날쌘돌이!

호랑이도 사자만큼 달리기 실력이 좋아. 보통 시속 60킬로미터로 달리고, 최고 빠를 때는 시속 80킬로미터까지 속도를 낼 수 있어.

핵심 정보
호랑이의 긴 꼬리에는 검은색 줄무늬가 있어.
싸우거나 나무에 오를 때
긴 꼬리로 균형을 잡는단다.

최강 동물 대결!

드넓은 땅. 긴장감이 감돌아. 어슬렁거리던 사자가 멀리서 걸어오는 무언가를 발견했어.

기본기 다지기

고양잇과 동물 가운데 사자와 호랑이, 재규어만 울부짖을 수 있어. 덩치가 작은 고양잇과 동물은 가르릉 하고 작게 울리는 소리를 낸단다.

맙소사, 호랑이 중에서도 덩치가 제일 큰 시베리아호랑이잖아! 사자는 숨을 가다듬더니 큰 소리로 울부짖었어. 그 소리가 얼마나 큰지 8킬로미터 밖에서도 들렸지 뭐야. 초원에 사는 동물들은 모두 겁에 질려서 벌벌 떨었어.

어흥! 호랑이도 사자를 보더니 포효*하기 시작했어. 호랑이 소리는 사자만큼 크지 않았지만, 크게 벌린 입과 사나운 눈매는 공포 그 자체였지. 둘은 제법 떨어져 있었어.

핵심 정보

호랑이는 숨을 내뱉을 때 작은 고양잇과 동물처럼 소리를 내. 사람이 들으면 꼭 **'푸르륵'** 소리 같지.

★포효: 사나운 짐승이 울부짖는 것.

호랑이는 사자가 먼저 움직이기를 기다렸어. 얼마가 지났을까? 사자가 공격을 시작했어. 순식간에 호랑이와 사자가 서로를 덮치고 몸싸움을 벌였지. 뒷다리로 버티고 서서 날카로운 이빨을 드러내고 발톱으로 할퀴면서 말이야.

호랑이가 입을 크게 벌려 사자의 목을 물었어. 하지만 썩 좋은 방법은 아니었어. 사자의 목 주변에 난 풍성한 갈기 때문에 털 뭉치만 떨어져 나왔거든.

쩌렁쩌렁 울리는 비명과 거친 싸움은 계속됐어. 사자가 호랑이 등에 올라타니 호랑이가 재빨리 몸을 비틀어 뒤집고, 사자가 다시 호랑이를 덮치는 몸싸움이 엎치락뒤치락 이어졌지.

호랑이가 다시 사자의 목을 물어뜯었어! 하지만 이번에도 실패했어. 계속해서 털 다발만 물렸으니까. 호랑이는 사자에게 치명적인 상처를 입히지 못하고 지쳐 갔어. 싸움의 고수 사자가 눈치를 챈 걸까? 사자는 틈을 놓치지 않고 호랑이의 목을 콱 물었어!

저런, 사자에게 목을 물린 호랑이는 몸을 일으킬 수 없었어. 결국 호랑이가 지고 사자가 이긴 거야.

승리한 사자는 절뚝거리며 천천히 그곳을 떠났어. 온몸은 상처투성이에 위풍당당 뽐내던 갈기는 절반 넘게 뽑혀 버렸지 뭐야. 싸움에서 이겼지만 사자 역시 상처가 컸지.

이번 대결에서는 풍성하고 두툼한 갈기 덕분에 사자가 이겼어. 호랑이가 다른 작전을 펼쳤다면 사자를 이길 수 있었을까? 혹시 한 번 더 결투가 벌어진다면 그땐 누가 이길까?

누가 더 유리할까?

아래 체크 리스트의 각 항목을 보고, 더 강한 동물에 체크(∨) 표시해 봐!

사자		호랑이
☐	위장 실력	☐
☐	뇌	☐
☐	이빨	☐
☐	사냥 기술	☐
☐	몸집	☐
☐	발톱	☐
☐	무리 생활	☐
☐	뛰는 속도	☐

★ 찾아보자! 위장 실력 12~13쪽, 뇌·이빨 14~15쪽, 사냥 기술 18~19쪽, 몸집 20~21쪽, 발톱 22~23쪽, 무리 생활 24~25쪽, 뛰는 속도 28~29쪽

아이고, 분해!
다음에 또 사자 녀석을 만나면
혼쭐을 내 줘야지!

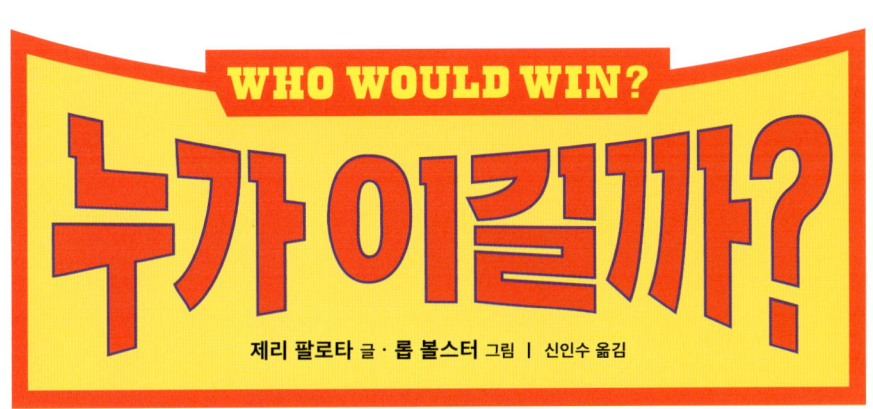

WHO WOULD WIN?

누가 이길까?

제리 팔로타 글 · 롭 볼스터 그림 | 신인수 옮김

재규어

VS

스컹크

비룡소

스컹크랑 재규어가 싸우면 게임이 되겠냐고?
방심은 금물! 누가 이길지는 아무도 몰라!

재규어와 스컹크가 딱 마주쳤어! 가여운 스컹크! 조그만 스컹크가 재규어의 싸움 상대가 될까? 과연 스컹크가 용감하게 재규어와 맞서 싸울지, 겁먹고 헐레벌떡 도망을 칠지 한번 보자고!

은밀하게 위대하게!
기습 사냥 챔피언

이름: 재규어
분류: 포유류
사는 곳: 중앙아메리카, 남아메리카
몸무게: 70~150킬로그램
공격 기술: 강한 턱으로 물고 으깨기
먹잇감: 사슴, 악어, 개구리 등

재규어

44 ·············· 재규어 선수 입장!
46 ·············· 나무 타기의 명수! / 고양잇과 수영 선수
48 ·············· 얼룩덜룩 큰 고양잇과 무늬
50 ·············· 재규어가 사는 곳

동물 소개 · 차례

유일한 필살기
냄새 공격의 제왕

이름: 스컹크
분류: 포유류
사는 곳: 남극, 오스트레일리아를 뺀 모든 대륙
몸무게: 2~5킬로그램
공격 기술: 고약한 냄새가 나는 액체 내뿜기
먹잇감: 식물, 작은 파충류, 작은 포유류 등

스컹크

스컹크 선수 입장! 45
꼭꼭 숨어라, 숨기 대장 47
가지각색 스컹크 무늬 49
스컹크가 사는 곳 51

재규어 선수 입장!

재규어는 포유류야. 큰 고양잇과 동물 중에서 세 번째로 크지. 사냥 솜씨도 좋고 수영 실력도 뛰어나. 어때? 매력 만점 재규어가 궁금해지지 않아?

기본기 다지기
포유류는 털이 있고, 새끼를 낳으며, 체온을 항상 일정하게 유지하는 정온 동물이야. 대표적으로 사람이 포유류란다.

놀라운 사실!
큰 고양잇과 동물 중 가장 큰 녀석은 시베리아호랑이, 두 번째로 큰 녀석은 사자야. 어흥!

스컹크 선수 입장!

스컹크는 포유류이자 스컹크과에 속하는 동물이야. 몸에는 검은색과 흰색의 털이 나 있지. 그런데 저기 스컹크 몸 주변에 있는 노란색은 뭐지?

놀라운 사실!
스컹크는 200그램에서 4킬로그램 넘는 것까지 크기가 다양해.

킁킁, 뭔가 고약한 냄새도 나는 것 같아. 이건 무슨 냄새지? 바로 스컹크 몸에서 나는 냄새야. 사실 스컹크는 동물들 중에서 이빨이나 발톱이 무시무시한 편은 아니야. 대신 고약한 냄새를 풍기는 동물로 유명해.

나무 타기의 명수!

재규어는 나무를 잘 타. 그래서 종종 막 잡은 먹잇감을 나뭇가지까지 끌고 올라가지. 사자나 하이에나에게 빼앗기면 안 되니까!

고양잇과 수영 선수

고양잇과 동물들은 대부분 물속에 들어가는 걸 좋아하지 않아. 하지만 재규어는 훌륭한 수영 선수야. 물속 사냥도 아주 잘하지. 악어야, 조심해! 거북도 조심하고!

꼭꼭 숨어라, 숨기 대장

스컹크는 참 잘 숨어. 낮에는 거의 보이지 않지. 스컹크야, 어디 있니?

핵심 정보

스컹크는 덤불이나 바위틈에 숨어 있는 걸 좋아해. 야생 동물이지만 도시에서도 잘 살아.

혹시 스컹크 냄새를 맡아 본 적 있어? 소문에 의하면 고무 타이어 타는 냄새가 난다고 하던데… 킁킁. 어디 고약한 냄새가 나는 것 같지 않아? 저기 집 아래쪽인가? 아님 쓰레기통인가? 혹시 덤불 너머에 숨어 있는 거 아냐?

얼룩덜룩 큰 고양잇과 무늬

재규어: 한가운데 점이 있는 꽃무늬

요건 몰랐지?
털이 온통 검은색인 표범과 재규어도 있어. 이들은 모두 블랙 팬서라고 부르지. 털이 검어서 무늬는 잘 보이지 않아.

표범: 가운데가 빈 꽃무늬

치타: 점무늬

호랑이: 줄무늬

사자: 무늬 없음

놀라운 사실!
기억해? 다 자란 사자에게는 없는 무늬가 새끼 사자한테는 있다는 사실!

가지각색 스컹크 무늬

조릴라★

줄무늬돼지코스컹크

얼룩스컹크

흰등줄스컹크

핵심 정보
스컹크는 태어날 때부터 몸에 줄무늬가 있어.

등줄무늬스컹크

스컹크는 털이 길어. 검은색 털이 바탕을, 흰색 털이 무늬를 이루지. 이 책에서 재규어와 맞설 스컹크는 등줄무늬스컹크야.

★ **조릴라**: 족제빗과이지만 생김새와 무늬가 스컹크를 닮은 동물.

재규어가 사는 곳

재규어는 주로 중앙아메리카와 남아메리카의 습기 많은 숲과 강가에서 살아. 사냥 무대는 탁 트인 열대 초원!

스컹크가 사는 곳

스컹크는 전 세계에서 남극과 오스트레일리아를 뺀 모든 대륙에서 살아.

해 질 녘, 사냥을 나서 볼까?

재규어는 박명박모성이어서 어스름할 때 사냥해. 동물들은 어둑어둑해질 때에도 정신을 바짝 차리고 있어야 하지.

기본기 다지기
'박명박모성'은 새벽녘이나 황혼 녘에 사냥하는 습성을 뜻해.

새벽녘은 해가 뜨기 시작해 날이 밝아 올 무렵이야. 동틀 녘이라고도 하지. 황혼 녘은 해가 지고 어둑어둑해지는 때를 가리키는 말로, 땅거미가 질 무렵이라고도 해.

깜짝 질문
'재규어'에서 이름을 따 온 자동차 회사가 있는 거 알아? 영국에 본사가 있어.

깜깜한 밤, 스컹크의 쇼 타임!

스컹크는 야행성 동물이야. 그래서 깜깜한 밤에 밖에 나와서 활동해. 깊은 밤, 사방이 어두운데 스컹크의 두 눈만 반짝거리고 있네.

기본기 다지기
'야행성'은 낮에는 쉬고 밤에 활동하는 동물의 습성을 뜻해.

밤이 좋은 야행성 동물들!
박쥐, 여우, 너구리, 올빼미, 햄스터

박쥐랑 올빼미, 너구리도 유명한 야행성 동물이야. 사람들이 집에서 많이 키우는 햄스터도 야행성이란다. 그러니까 낮에 같이 놀자고 깨우면 안 되겠지?

초원과 물가의 무법자!

재규어는 육식 동물이야. 같은 포유류부터 파충류, 물고기까지 아래에 등장한 다양한 종류의 동물을 먹이로 삼지. 재규어를 만나면 도망쳐야 할 동물이 무척 많겠는걸?

> **요건 몰랐지?**
> 재규어는 물속에서 자기 꼬리를 미끼로 이용해 물고기를 사냥하기도 해.

> **놀라운 사실!**
> 재규어는 자기보다 몸집이 더 큰 동물도 잡아먹어.

닥치는 대로 먹어 치우는 스컹크

스컹크는 식물도 먹고 동물도 먹는 잡식 동물이야. 아래에 있는 모든 것들이 스컹크의 식사거리지. 아마 스파게티나 햄버거도 신나게 먹을 거야.

> **기본기 다지기**
>
> 식물을 먹는 동물을 초식 동물이라 하지. 초식 동물은 전부 약하고 덩치가 작을 것 같다고? 덩치 큰 코끼리나 소도 초식 동물이란다.

과일과 야채

곤충과 애벌레

작은 파충류와 양서류

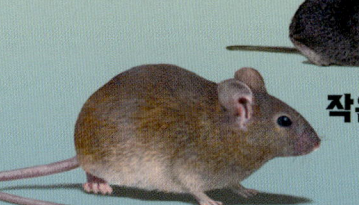

작은 포유류 **알**

물고기

달팽이 **지렁이**

스파게티 **햄버거**

> **요건 몰랐지?**
>
> 미국수리부엉이는 냄새가 고약한 스컹크를 잘도 잡아먹어. 냄새를 잘 맡지 못하거든.

55

동물 사냥 챔피언

재규어는 사냥 실력이 아주 뛰어나. 동물 세계에서 올림픽이 열린다면 사냥 종목에서 금메달을 딸걸? 다른 동물들을 벌벌 떨게 하는 재규어의 사냥 기술은 뭘까?

재규어는 먹잇감을 발견하면 보통 살금살금 다가갔다가 한순간에 공격해. 턱 힘이 무척 세서 거북 등딱지를 조각내고, 동물의 머리뼈를 뚫고, 목을 으스러뜨릴 수 있어.

놀라운 사실!
재규어는 큰 고양잇과를 통틀어 꼬리가 가장 짧아. 꼬리가 가장 긴 녀석은 눈표범이란다.

사람도 못 당하는 냄새 공격

뿌직! 자동차 밑에서 스컹크가 노란색 액체를 뿜었어. 그 냄새가 얼마나 고약한지 가족들은 일주일 동안 차를 몰 수 없었지. 아이고, 구린내야!

핵심 정보
스컹크는 항문 옆에 있는 항문선으로 고약한 냄새가 나는 액체를 내뿜어. 방귀 같은 기체가 아니란다.

한번은 어느 집 근처에서 스컹크 한 마리가 어슬렁댔어. 그런데 하필 그때 에어컨 실외기가 덜덜덜 돌아갔어. 깜짝 놀란 스컹크는 냄새나는 액체를 발사했지. 그 끔찍한 냄새는 환풍구를 따라 집 안으로 들어갔고, 가족들은 한 달 동안 집에서 살 수 없었단다. 정말 냄새가 장난 아니었다고!

핵심 정보
스컹크는 야행성이지만 가끔 짝을 찾으려고 낮에 활동하기도 해.

어이쿠, 한 아이가 학교 가는 길에 스컹크가 뿜은 액체를 맞았어. 냄새가 어찌나 심했는지 선생님은 아이를 집으로 돌려보내야 했지. 아이는 몸에 밴 냄새를 없애려고 토마토 주스로 목욕까지 했어. 과연 효과가 있었을까?

핵심 정보
휴, 다행히 스컹크가 내뿜는 액체에 독성은 없어.

으르렁 포효하는 재규어

재규어가 가까이에 있는지 알 수 있는 방법은? 주변 소리에 귀 기울여 봐. 근처에 재규어가 있다면 으르렁거리는 소리가 들릴 테니까!

요건 몰랐지?

'야옹'은 집고양이가 내는 소리.
'으르렁'은 사자, 호랑이, 표범, 재규어가 포효하는 소리.

윽, 고약한 구린내

스컹크가 가까이에 있는지는 어떻게 알 수 있을까? 어렵지 않아. 고약한 냄새가 날 거거든. 냄새가 나는 액체를 뿜을 땐 꼬리를 바짝 들어 올리지. 발사 준비, 뿌직!

핵심 정보

스컹크는 적이 보이지 않으면 굳이 액체를 뿜지 않아. 그래서 전문가들은 스컹크를 잡을 때 우리에 넣은 뒤 담요로 우리를 덮어. 아무것도 안 보이게 하려고 말이야.

고독을 즐기는 재규어

재규어는 '단독 생활'을 하는 동물이야. 재규어에게 혼자 산다는 건 참 행복한 일이지. 훗.

기본기 다지기
'단독 생활'은 홀로 산다는 뜻이야.

흐익, 결코 일어나지 않겠지만 재규어들이 무리 지어 사냥한다면 아마 아래와 같은 모습일 거야. 얼마나 위협적일까?

핵심 정보
재규어는 평소에 단독 생활을 하다가 짝짓기 할 때 암수가 함께 지내.

깜짝 질문
다음 중 무리 지어 생활하는 동물은?
① 재규어 ② 호랑이 ③ 사자
정답의 힌트는 24쪽에 있어.

약간 냄새 나는 이야기들

미국의 도시 '시카고'의 이름은 어느 인디언 부족의 말로 '스컹크 땅'이라는 표현에서 유래했다는 이야기가 있어. 실제로 시카고에는 양파밭이 많아서 양파 냄새가 많이 났다지. 그 냄새가 꼭 스컹크의 고약한 냄새 같았나 봐.

> **요건 몰랐지?**
> 앉은부채라는 식물을 영어로 '스컹크캐비지'라고 불러. 꼭 스컹크가 액체를 내뿜은 냄새가 나거든.

미국 캘리포니아주에는 U-2, SR-71, F-117, F-22 등 군사 비행기를 만드는 한 항공기 회사가 있어. 이 회사에는 '스컹크 웍스(skunk works®)'라는 이름의 연구소가 있는데, 연구원들이 연구소 근처 고무 공장에서 나는 고약한 냄새에 시달리며 연구할 때 붙인 이름이라고 해. 지금은 다른 곳으로 이사했단다.

강력한 턱과 이빨

보기만 해도 소름 돋는 재규어의 턱뼈와 이빨이야. 무시무시한 이빨로는 사냥감을 제압하거나 고기를 잘라 먹어.

핵심 정보

재규어의 위아래 어금니도 가윗날처럼 비스듬히 맞물리는 열육치야. 고기를 자르기 좋다는 거 기억나지?

몸길이
150~180센티미터

몸무게
70~150킬로그램

재규어의 몸집

작은 턱과 이빨

스컹크의 이빨이 재규어에 비해 너무 작다고? 작아도 할 건 다 해!

핵심 정보
스컹크 냄새는 일곱 가지 화학 성분으로 이루어져 있어. 그래서 그렇게 고약한가 봐.

핵심 정보
어떤 스컹크는 위기 상황일 때 더 크게 보이려고 물구나무를 서. 풉!

몸길이
56~78센티미터

몸무게
2~5킬로그램

센티미터 0 30 60 90

스컹크의 몸집

잘 싸울 수밖에 없는 이유

재규어는 남다른 사냥꾼일 수밖에 없어. 강력한 이빨 말고도 무기가 이렇게 많거든.

날카로운 발톱

남다른 위장 실력

빠른 스피드

우아, 재규어는 시속 80킬로미터로 달릴 수 있어. 타조보다도 빠르다고!

강력한 필살기 한 방!

스컹크는 지독한 냄새를 뿜는 비밀 무기 하나면 충분할지도 몰라. 오직 이 무기만으로 수백만 년 동안 무사히 잘 살아왔거든.

놀라운 사실!
스컹크는 냄새나는 액체를 여섯 번 연달아 발사할 수 있어. 뿌직 뿌직 뿌직 뿌직 뿌직 뿌직!

요건 몰랐지?
스컹크가 내뿜는 액체에 불을 붙일 수 있어. 화르륵!

지독한 냄새

스컹크가 달리는 속도는 시속 16킬로미터 정도야. 하지만 걱정은 마. 스컹크는 화학 무기 전문가여서 빠르게 도망치지 않고도 자기를 지킬 수 있어!

최강 동물 대결!

재규어가 평화롭게 낮잠을 자는 악어에게 다가갔어.
그러고는 순식간에 콱 물었지. 으드득!

재규어가 사냥한 악어를 먹고 있을 때쯤, 스컹크는 맛난 잠자리를 발견했어!

엣헴, 악어 사냥쯤이야 식은 죽 먹기지. 오늘은 뭘 먹어 볼까나.

며칠이 지났을까? 쩝, 입맛을 다시던 재규어는 너구리를 잡아먹기로 했어. 스컹크는 오늘 메뉴를 개구리로 정했어. 봐. 침을 질질 흘리며 개구리를 입 속으로 집어 넣어.

숲속에 몰래 숨은 재규어가 카피바라를 습격했어. 오늘의 사냥은 대성공! 재규어는 나중에 먹으려고 죽은 카피바라를 나무 위로 끌고 올라갔어.

놀라운 사실!
카피바라는 전 세계에서 가장 큰 쥐야.

거대한 아나콘다 사냥도 문제없지! 재규어는 턱이 꽤 튼튼하거든. 아나콘다야, 미안.

재규어가 이번엔 물가로 나갔어. 기억 나지? 재규어는 헤엄도 잘 친다는 사실! 아무튼 오늘 저녁은 거대한 민물고기 파쿠인가 봐.

재규어가 파쿠를 먹을 때, 스컹크는 거북 알을 와작와작 씹으며 만족스러운 저녁 식사를 하고 있었지.

깜짝 질문
스컹크를 보고 줄행랑친 퓨마가 있어. 심지어 사자도 스컹크를 보고 뒷걸음친다지. 거짓말 같지? 사실이야.

재규어는 무는 힘이 엄청나게 세서 딱딱한 거북의 등딱지도 이빨로 부술 수 있어. 오늘 재규어는 거북을 먹을 거야. 가여운 거북!

이번엔 재규어가 몰래 멧돼지를 뒤따라갔어. 참을성 있게 기다렸다가 멧돼지가 잠든 사이에 머리뼈를 와그작 으스러뜨렸지. 으악!

요건 몰랐지?

멧돼지는 식물은 물론 토끼, 들쥐 같은 작은 짐승도 먹는 잡식 동물이야.

굶주린 재규어가 우거진 숲속을 어슬렁어슬렁 걷고 있어. 다음 끼니에 먹을 먹잇감을 찾는 중이야.

후훗, 스컹크 발견! 재규어는 몸집도 작고 치명적인 독도 없는 스컹크를 우습게 보고 있을 테지. 한 번에 물어뜯어 놓겠다고 말이야. 과연 그럴까?

뿌지직! 으아악! 이게 무슨 일이야? 재규어가 뒤도 안 돌아보고 도망을 치는 게 아니겠어? 얼마나 냄새가 고약한지 숨 쉬기도 힘들었나 봐. 스컹크가 이겼어! 스컹크야, 축하해!

누가 더 유리할까?

아래 체크 리스트의 각 항목을 보고, 더 강한 동물에 체크(∨) 표시해 봐!

재규어		스컹크
☐	이빨	☐
☐	턱 힘	☐
☐	몸집	☐
☐	위장 실력	☐
☐	뛰는 속도	☐
☐	냄새	☐

★ **찾아보자!** 이빨 · 턱 힘 · 몸집 62~63쪽, 위장 실력 · 뛰는 속도 · 냄새 64~65쪽

지은이 **제리 팔로타**
미국 매사추세츠주 페가티 비치에서 72명의 사촌들과 함께 지내며 어린 시절을 보냈다.
어른이 되어서는 30년 넘게 어린이책 작가로 활동하며, 90권 이상의 책을 썼다.
쓴 책 중에 「누가 이길까?(Who Would Win?)」 시리즈를 가장 좋아한다.

그린이 **롭 볼스터**
풍경과 사물을 매우 사실적으로 그리는 예술가이자 전문 일러스트레이터.
미국 로드아일랜드 디자인스쿨을 졸업하고 20년 넘게 일러스트레이터로 일하고 있다.
지금은 매사추세츠주 보스턴 근처에서 유화를 그리며 지낸다.

옮긴이 **신인수**
대학에서 영문학을 공부한 뒤 성균관대학교 대학원에서 번역학을 전공했다.
어린이·청소년 책에 깊은 애정을 가지고 좋은 작품을 찾아 우리말로 옮기고 있다.
옮긴 책으로는 「동물 천재를 위한 남다른 지식 사전」, 「착해도 너무 착한 롤리의 기묘한 이야기」,
「뭐가 되고 싶냐는 어른들의 질문에 대답하는 법」, 「비밀 요원 아샤」,
「초등학생이 알아야 할 참 쉬운 심리학」 등이 있다.

사진 저작권

Page 10: © Andy Rouse / NHPA / Photoshot; page 11: © Thomas Mangelsen / Minden Pictures; page 20: © J & C Sohns / AGE Fotostock; page 21: © National Geographic; page 24: © Michel & Christine Denis-Huot / Biosphoto / Peter Arnold, Inc.; page 25: © Anup Shah / Photodisc / Getty Images; page 26: © Andy Rouse / NHPA / Photoshot; page 27: © Renee Lynn / Corbis; Page 39 center right: © Isselee/Dreamstime; Page 43: © Isselee/Dreamstime; Page 44: © anankkml/Thinkstock; Page 45: © Isselee/Dreamstime; Page 46 bottom: © AndrŽ Baertschi/wildtropix.com; Page 56 bottom: © Fabiofersa/Dreamstime; Page 60 top: © krinkog/Fotolia; Page 61 bottom: © Courtesy Skunk Works˝ Lockheed Martin Corporation; Page 64 center: © Julesuyttenbroeck/Dreamstime; Page 69 top: © Panoramic Images/Getty Images

사자 vs 호랑이
또 하나의 대결 재규어 vs 스컹크

1판 1쇄 펴냄 - 2022년 9월 27일, 1판 3쇄 펴냄 - 2023년 9월 29일

글쓴이 제리 팔로타 그린이 롭 볼스터 옮긴이 신인수 펴낸이 박상희 편집장 전지선 편집 이혜진 디자인 김성령
펴낸곳 (주)비룡소 출판등록 1994. 3. 17.(제16-849호) 주소 06027 서울시 강남구 도산대로1길 62 강남출판문화센터 4층
전화 02)515-2000 팩스 02)515-2007 홈페이지 www.bir.co.kr
제품명 어린이용 각양장 도서 제조자명 (주)비룡소 제조국명 대한민국 사용연령 3세 이상

WHO WOULD WIN? : LION VS TIGER
Text Copyright © 2009 by Jerry Pallotta
Illustration Copyright © 2009 by Rob Bolster

WHO WOULD WIN? : JAGUAR VS SKUNK
Text Copyright © 2017 by Jerry Pallotta
Illustration Copyright © 2017 by Rob Bolster

All rights reserved.

Korean Translation Copyright © 2022 by BIR Publishing Co., Ltd.
This Korean translation edition is published by arrangement with Scholastic Inc.,
557 Broadway, New York, NY 10012, USA through KCC(Korea Copyright Center Inc.), Seoul.

이 책의 한국어판 저작권은 ㈜한국저작권센터(KCC)를 통해 저작권사와 독점 계약한 (주)비룡소에 있습니다.
저작권법에 의해 한국 내에서 보호를 받는 저작물이므로 무단전재와 무단복제를 금합니다.

ISBN 978-89-491-3301-0 74400 / 978-89-491-3300-3(세트)

 제리 팔로타 글·롭 볼스터 그림 | 신인수 외 옮김

숨 막히는 대결로 익히는 짜릿한 동물도감!

- **사자 vs 호랑이** / 재규어 vs 스컹크
- **고래 vs 대왕오징어** / 범고래 vs 백상아리
- **악어 vs 비단구렁이** / 코모도왕도마뱀 vs 킹코브라
- **티라노사우루스 렉스 vs 벨로키랍토르** / 트리케라톱스 vs 스피노사우루스
- **북극곰 vs 회색곰** / 방울뱀 vs 뱀잡이수리
- **타란툴라 vs 전갈** / 말벌 vs 쌍살벌